DISCOURS

POUR

LE CINQUANTIÈME ANNIVERSAIRE DE PRÊTRISE

DE

MONSIEUR JACQUENOD

Curé de Morbier,
ancien Directeur au Grand Séminaire,

Prêché à Morbier, le 29 septembre 1868,

PAR

M. LOUISET,

Chanoine honoraire, Curé de Conliége.

> Pro Christo legatione, fungimur tanquam Deo exhortante per nos.
>
> Nous sommes les ambassadeurs de Jésus-Christ, et c'est Dieu qui parle par notre bouche.
>
> 2ᵉ éd., CORINT., C. 5, V. 20.

LONS-LE-SAUNIER

IMPRIMERIE ET LITHOGRAPHIE DE GAUTHIER FRÈRES

—

1868

DISCOURS

Pour le cinquantième anniversaire de prêtrise

DE

MONSIEUR JACQUENOD

Curé de Morbier,
ancien Directeur au Grand Séminaire,

Prêché a Morbier, le 29 septembre 1868.

> Pro Christo legatione, fungimur tanquam Deo exhortante per nos.
> Nous sommes les ambassadeurs de Jésus-Christ, et c'est Dieu qui parle par notre bouche.
> 2ᵉ éd., Corint., C. 5, V. 20.

Pourquoi donc, M. F., cette solennité parmi vous ? Pourquoi ces jours de dévotion destinés à purifier les cœurs et à appeler de nouvelles bénédictions sur cette paroisse ? Et ces ouvriers apostoliques venus pour réveiller en vous les vérités et les impressions de la piété ; et ces prêtres si nombreux, ici présents, pour unir leurs prières aux vôtres, quelle est donc la pensée pieuse et touchante qui les réunit aujourd'hui ? Ah ! sans doute, c'est la fête de votre glorieux patron, mais c'est votre vénéré pasteur qui est l'âme de toute cette cérémonie ; c'est de lui et de son sacerdoce que nous sommes tous occupés et que vous l'êtes vous-mêmes. Après en avoir été revêtu il y a cinquante ans aujourd'hui même (1), et l'avoir exercé si

---

(1) M. le curé de Morbier, ordonné prêtre à Fribourg le 29 septembre 1818, a fait son anniversaire le même jour 1868.

longtemps au milieu de vous, il a voulu que ce fut une nouvelle et grande époque de sa vie, de consacrer ces jours d'anniversaire et de prière, à considérer, tous ensemble, ce grand ministère que J.-C. a fondé pour le salut du monde ; et avec vous, ses enfants chéris, à bénir ce divin Sauveur pour cet inestimable bienfait. — Ce que Dieu, M. F., a fait pour sa gloire et pour les peuples par le Sacerdoce ; les destinées qu'il lui a réservées au milieu du monde, tel est, ce semble, l'un des plus grands sujets que nous puissions méditer. Ah ! digne et pieux confrère que le diocèse tout entier vénère, vous avez voulu rappeler à votre peuple, ce que vos augustes fonctions sont à vos yeux, et ce qu'elles doivent être aussi aux siens ; tout ce que vous devez de reconnaissance à J.-C. pour vous avoir placé dans son sanctuaire ; et tout ce que votre troupeau lui en doit lui-même, pour les bienfaits si grands et tout divins qu'il en reçoit chaque jour. Eh bien, nos très chers frères, vous verrez que si vous êtes les enfants de Dieu, les membres de son Église, les héritiers de son Royaume, il ne vous a revêtus de ces titres glorieux que par son Sacerdoce. Vous verrez que si J.-C. a donné à ses ministres les plus grands de tous les pouvoirs ; que s'il a remis entre leurs mains les clefs de son Royaume, ce n'est que pour vous en procurer le bonheur ; que comme il n'est venu que pour nous donner la vie éternelle, il ne nous envoie que pour vous la communiquer toute entière. Vous verrez enfin que, s'il nous a fait ses prêtres et ses ministres, c'est pour vous et directement pour vous, beaucoup plus encore que pour nous. — O bienheureux saint Michel-Archange, puisque ceux qui vont m'écouter sont vos enfants, protégez-les du haut du ciel ; éloignez de cette paroisse l'erreur et le péché et faites-y croître de plus en plus la foi et la piété ; vous souffrirez que nous ne parlions pas de vous aujourd'hui, mais seulement du Sacerdoce de J.-C. et c'est à cette fin que nous invoquons votre assistance avec celle de Marie.

PREMIÈRE PARTIE.

Comme mon père m'a envoyé, moi-même je vous envoie, telle est la parole de J.-C. à ses apôtres, telle est la mission de son Sacerdoce. *Sicut misit me Pater et ego mitto vos.* Ce n'est pas l'institution des hommes, c'est l'institution du Ciel. C'est Dieu son père qui a envoyé J.-C., et c'est J.-C. qui envoie ses ministres prêcher toutes les vérités qu'il a apportées du Ciel. Allez, enseignez toutes les nations, apprenez-leur tout ce que je vous ai confié ; voilà que je suis avec vous jusqu'à la consommation des siècles. Et parce que ces grandes vérités de J.-C. sont la vie des âmes et des sociétés, toujours il faut qu'elles soient dans le monde ; toujours qu'elles y soient entières et vivantes ; toujours qu'elles traversent les âges et les événements, et que jusqu'à la dernière heure, on les retrouve absolument telles qu'elles étaient au premier jour. C'est là la vraie lumière du monde et le vrai sel de la terre. Et aussi le prodige devant lequel, tous nous devrions tomber de reconnaissance et d'admiration, c'est que tout ce que J.-C. a enseigné, les apôtres l'ont enseigné après lui ; que tout ce que les apôtres ont enseigné, le Sacerdoce l'a enseigné après eux ; que malgré toutes les tempêtes qui ont changé mille fois la face de la terre, l'enseignement de l'Eglise n'a pas subi la moindre variation. Tel nous le trouvons aujourd'hui, tel il était hier, tel dans les siècles passés, tel dès l'origine du christianisme. Et remarquez que cet enseignement dont l'unité forme un spectacle si sublime, c'est à son Sacerdoce que J.-C. l'a confié ; que c'est lui qu'il en a constitué l'infaillible gardien ; que c'est de lui qu'il a dit : Celui qui vous écoute, m'écoute, celui qui vous méprise, me méprise ; tellement que les prêtres que l'Eglise consacre et envoie près des peuples, c'est J.-C. qui les consacre et les envoie. Les mêmes pouvoirs tout divins que son Père lui a remis entre les mains, c'est lui qui les remet entre les mains de ses prêtres. Ils le représenteront au milieu des nations ; ce qu'il est venu y faire ils le feront eux-mêmes. Il n'est qu'un avec son divin Père, ils ne seront, non plus, qu'un avec lui. Il n'a cessé de prier et de souffrir pour le salut du monde ; ils ne cesseront de prier et de souffrir eux-mêmes ; de même qu'il a communiqué tous les enseignements qu'il avait reçus, ils les communiqueront eux-mêmes, afin que tous connaissent ce divin Père qui l'a envoyé ; que tous le connaissent lui-même avec le St-Esprit ; que tous connaissent enfin la vie éternelle qu'il est venu leur procurer.

Quel est donc, M. F., ce royaume que J.-C. est venu établir sur la terre, et qu'il a donné mission à ses prêtres d'établir avec lui ? un royaume plus grand que tous ceux de ce monde et sans ressemblance avec eux. Ceux-ci ont pour but de donner les biens de la terre, celui de J.-C. les biens du Ciel ; les premiers ne s'étendent pas au-delà de cette vie ; celui de J.-C. renferme cette vie elle-même et l'éternité toute entière. Tous les biens que peuvent offrir ceux d'ici-bas, en comparaison de ceux que J.-C. offre à ses vrais serviteurs, ne sont que poussière et néant. Et déjà cependant le bonheur des rois, c'est J.-C. qui en est le Maître suprême : et toutefois il le tient pour si peu qu'il le donne même aux pécheurs ; mais les biens de son royaume, ses grâces et sa charité, les récompenses qu'il ne communique que dans le séjour de sa gloire, il ne les donne qu'à ses saints. Et remarquez de nouveau que ces grands biens, à quoi les hommes ne sauraient rien comparer, ce n'est qu'à ses prêtres qu'il en a confié le trésor et la distribution. Est-ce qu'ils n'en sont pas avec lui les seuls juges et les seuls dispensateurs ? Est-ce qu'il n'est pas vrai qu'il ne fait rien que par ses ministres ? que ce n'est que par eux qu'il a son règne dans les cœurs ? que par eux qu'il communique avec les hommes et que les hommes communiquent avec lui.

La grandeur de ce ministère, M. F.! Vous savez l'échelle mystérieuse de Jacob qui reposait sur la terre et s'élevait jusqu'au ciel ; que les anges montaient et descendaient successivement ; recueillant les volontés du Très-Haut pour les transmettre aux hommes, et de ceux-ci recueillant aussi le vœux et les hommages, pour les porter jusqu'aux pieds de son trône. C'est la figure du sacerdoce, de J.-C. : placé entre le ciel et la terre, c'est lui seul qui en maintient l'alliance et les saintes relations. Du ciel il reçoit aussi la lumière, les divins commandements, la sainteté, pour les communiquer à la terre; et de la terre il reçoit également les adorations, les prières, les souffrances, pour les faire monter au cœur du Seigneur. Et ces fonctions sublimes, il ne les remplit pas de lui-même, mais par l'institution de J.-C. C'est J.-C. lui-même qui veut traiter avec ses enfants et que ses enfants traitent avec lui par son sacerdoce. Et si nous disons ces merveilles, ne pensez pas que ce soit pour glorifier nos personnes; non, ce n'est que pour glorifier le ministère de J.-C.; ce grand ministère que votre vénérable Pasteur n'a reçu et n'exerce, au milieu de vous, que pour vous unir vous-mêmes à votre Dieu. Mais aussi ce Pasteur, quand vous le voyez à l'autel, savez-vous ce qu'il y fait? il y parle à son Dieu, et voici que ce Dieu obéit à sa voix; voici qu'il descend entre ses mains; voici qu'il renouvelle son incarnation; voici qu'il exerce des pouvoirs qui n'ont pas été donnés aux anges! Non, M. F., J.-C. n'a pris naissance qu'une fois dans le sein de Marie; et voici que chaque jour il prend naissance entre les mains du prêtre! Non, il ne s'est immolé qu'une fois sur le calvaire; et voici que chaque jour il s'immole entre les mains du prêtre! Et ce divin Sauveur s'aime tant au milieu de nous, et il aime tant à nous y témoigner son amour, qu'il a mis son sacerdoce dans tous les lieux, et qu'il veut le conserver jusqu'à la consommation des siècles. En vain les temps se sont écoulés, en vain les nations ont disparu des lieux qu'elles avaient remplis de leurs noms, en vain ce monde a été bouleversé jusqu'au fond de ses entrailles, le sacerdoce est demeuré debout malgré toutes les tempêtes. Et qu'importe que les hommes sans foi jugent autrement de ses destinées? Qu'ils regardent dans les siècles passés et qu'ils écoutent cet arrêt de J.-C., le ciel et la terre passeront; mais mes paroles, mais mon Eglise, mais mon sacerdoce, ne passeront pas. En disant: je suis avec vous jusqu'à la consommation des siècles, il a dit : ceux qui seront avec vous, seront avec moi; ceux qui seront contre vous, seront contre moi; il n'y aura de vérité que là où vous prêcherez en mon nom; de justice et de sainteté, que là où vous distribuerez mes grâces et mes sacrements; mon royaume ne sera que là où vous l'établirez. C'est bien moi qui formerai mes saints, mais ce ne sera que par vos soins. Vous porterez mon Evangile aux peuples et aux rois; vous serez leur lumière et leur exemple pour les conduire tous au Ciel, où ils n'entreront que par la puissance et les dons que je remets entre vos mains.

La grandeur du sacerdoce, M. F.! Ah, vous le voyez, toute puissance lui a été donnée au ciel et sur la terre; puissance pour le temps : elle a commencé avec J.-C., elle s'est continuée depuis J.-C., elle durera jusqu'à la dernière heure du monde. Puissance pour les lieux : ce qu'elle est au milieu de nous, elle l'est jusqu'aux extrémités de la terre; ce qu'elle peut pour les pauvres, elle le peut pour les riches ; elle le peut pour les rois. Pasteurs et fidèles, peuples et monarques, tout lui est soumis. Tout ce qu'elle lie ou délie sur la terre, est lié ou délié dans les cieux. Elle surpasse celle des rois; car ce ne sont pas les rois qui font leurs sujets chrétiens, leur donnent le titre d'enfants de Dieu, les constituent les héritiers du Ciel, ce sont les prêtres seuls. Les rois n'exercent leur puissance que dans ce monde et pour les biens de ce monde; les prêtres l'exercent sur les âmes et jusque dans les cieux! Elle surpasse celle des anges; l'ange ne remet pas les péchés ; il ne distribue pas le corps et le sang de J.-C., il ne l'immole pas en sacrifice pour le salut du monde; mais le prêtre! est-ce qu'il est un seul de ces grands prodiges qu'il n'accomplisse chaque jour? Et même avec la toute puissance de Marie, est-ce que nous ne pouvons pas encore comparer la puissance du prêtre! S'il a été donné à Marie de commander à J.-C., de vivre dans sa sainte société, est-ce que chaque jour, ce grand miracle ne s'accomplit pas à la voix et au commandement du prêtre? Est-ce que chaque jour, ce divin Sauveur ne livre pas, à ce prêtre, son corps et son sang comme gage de son amour, et de son salut éternel? Oh, bonheur ineffable du prêtre qui vit avec J.-C. plus longtemps que Marie! Marie pendant 33 ans; le prêtre tout un ministère de 40, de 50, de 60 ans, et tellement intime avec lui, que sa demeure est la demeure même de J.-C., que chaque jour il prie avec J.-C., réconcilie les pécheurs au nom de J.-C., distribue les grâces, les sacrements, la personne même de J.-C., ne forme que comme une seule et même vie avec J.-C. Est-ce que ce n'est pas avec le prêtre que J.-C. visite les malades et console les malheureux, bénit les alliances et les mourants et ouvre à tous son royaume des cieux? Ah! c'est surtout pour ses prêtres qu'il a fait cette belle prière : Père saint, ce que je vous demande, c'est que ceux-ci ne soient qu'un comme vous et moi ne sommes qu'un! Oui, ce sont eux qui gouvernent son royaume et jugent en son nom. Ceux qu'ils condamnent, J.-C. les condamne; ceux qu'ils bénissent, J.-C. les bénit; ce sont eux qui ouvrent et ferment les portes de son séjour éternel.

Et vous, N. Tr. C. F., qui êtes les enfants de Dieu, qui

faites partie de ce royaume de J.-C., qui avez un droit certain à tous ces biens spirituels en ce monde et à ses éternelles récompenses en l'autre, dites-nous donc d'où vous tenez ce bonheur, si non de la main de votre Pasteur? Vous avez été marqué du sceau sacré de son baptême; souvent ses sacrements ont purifié vos âmes; vous vous êtes nourris du pain de ses anges, et dans vos cœurs est venu se reposer le corps et le sang de ce divin Sauveur; mais par qui donc avez-vous reçu ces biens inneffables, si non par votre Pasteur? Et quand vous viendrez les renouveler encore; que vous demanderez à J.-C. de vous continuer cette vie d'amour et de sainteté, qui forme ses élus, ne sera-ce pas toujours par votre Pasteur? Et si vous avez eu le malheur de tomber sous l'esclavage du démon ; de vivre longtemps peut-être dans les alarmes de votre conscience; sentant que vous n'aviez plus ni votre paix, ni vos espérances du ciel, ni votre Dieu; dites-nous donc encore comment ces biens inestimables vous sont revenus? N'est-ce pas toujours par le ministère de votre Pasteur? Et les plus beaux jours de votre vie, votre première communion et votre confirmation ; ces jours où votre Dieu, en personne, est descendu en vous avec l'abondance de ses dons; ces jours où vous avez goûté des délices si profondes et si ineffaçables, n'est-ce pas à votre Pasteur que vous en avez été redevables.

Remontez, M. F., jusqu'à son arrivée parmi vous, et comptez combien de péchés effacés, de réconciliations opérées, d'âmes purifiées, par la grâce de son sacerdoce? Déjà un grand nombre ont quitté ce monde et ont été jugées devant Dieu ; et quel est en ce moment leur sort dans l'éternité qui s'est ouverte pour eux, hélas, nous l'ignorons; mais ce que nous savons, c'est que tous ceux qui sont au ciel, n'y sont que par le ministère du Pasteur; et que ceux qui en seraient exclus, ne le sont, non plus, que pour n'en avoir pas profité. Saints qui êtes au ciel, et que nous espérons y être nombreux, oui, c'est de votre Pasteur et de son ministère que vous tenez vos couronnes! C'est vous seuls qui pourriez nous dire comment il vous a aimés, durant votre vie; comment il a prié pour vous devant ces autels; comment il a pleuré et frappé sa poitrine tant de fois pour assurer votre salut! Ah, M. F., pourquoi donc le monde ne comprend-il pas mieux ce que fait le prêtre au milieu des peuples!

Et savez-vous encore d'où lui vient sa grande puissance d'intercession pour les hommes? C'est que quand il prie au saint autel, ce n'est plus un simple chrétien; c'est le ministre du saint des saints, c'est toute l'Eglise de J.-C., c'est J.-C. lui-même qui prie par sa bouche. C'est qu'il ne paraît alors devant Dieu qu'avec l'autorité de cette Eglise et de J.-C. Hélas! nous ne savons que trop que le monde est rempli des plus grandes iniquités; que chaque jour, du sein de ces iniquités, s'élève jusqu'au ciel une voix pour demander vengeance; que sans cesse s'amassent d'effroyables fléaux pour tomber sur les peuples coupables; mais savez-vous aussi ce qui arrête encore le bras du Seigneur? Ah! si nous pouvions pénétrer ce grand mystère, nous verrions que ce sont les prières des justes avec le sacerdoce de J.-C. C'est un saint prêtre, qui, prosterné aux pieds des autels, a demandé pardon pour les péchés de son peuple et détourné les châtiments au moment d'éclater. C'est ce prêtre qui, offrant J.-C. en sacrifice, et l'élevant vers le ciel, s'est écrié : Père céleste, regardez J.-C., votre fils ! le voici qui vous supplie et s'immole encore pour le salut du monde! Ah ! à cause de lui, pardonnez à vos enfants coupables. Et aussi, de là M. F., les châtiments écartés ; les maladies et les guerres arrêtées ; les bénédictions du ciel et les années favorables remplaçant les fléaux que sa justice avait résolus. De là les pécheurs gagnés à la grâce de J.-C., et donnant l'exemple des plus grandes vertus; de là enfin, ces prodiges de conversion devenus peut-être, en nos jours, plus nombreux et plus frappants que jamais. Est-ce qu'il n'est pas vrai que des hommes livrés aux plus grandes séductions du monde, sont devenus comme subitement les disciples de J.-C. et ses apôtres les plus dévoués. Est-ce qu'il n'est pas connu qu'ils ont embrassé toutes les rigueurs de la pénitence et la croix, pour mieux montrer la puissance de sa grâce en leur personne? Et du monde cependant, ils avaient tout reçu, ses biens, ses honneurs, ses attraits; ils en étaient comme les princes; mais ils lui ont tout rendu et n'ont voulu garder que J.-C. lui seul. D'où viennent, je le répète, M. F., ces changements si surprenants? Des prières qui se font aux pieds des autels; du saint sacrifice qui s'y renouvelle chaque jour en tous les lieux du monde ; de la voix toute puissante de J.-C., que ses prêtres font monter sans cesse jusqu'au ciel; de l'union de toutes les âmes saintes avec leurs Pasteurs et avec J.-C., pour lui demander de ramener les errants, de sauver des âmes rachetées par son sang, de multiplier et d'achever le nombre de ses élus. Ils viennent de ce que J.-C. est toujours, avec son sacerdoce, et de ce que, à tout jamais, s'accomplira cette promesse :

demandez et vous recevrez; tout ce que vous demanderez en mon nom vous sera accordé. Je vous ai établi mes représentants près des peuples; vous continuerez ma mission jusqu'à la fin des siècles. Oh! qu'il est grand le sacerdoce que J.-C. a confié à ses prêtres! prêcher ses enseignements, le faire régner lui-même dans les cœurs, lui former des saints et leur ouvrir les portes de l'éternel séjour; voilà son but glorieux et tout divin; et voilà le but, bien-aimé Pasteur, que vous avez eu sans cesse devant les yeux; but que toutes vos prières, tous vos efforts, que votre vie toute entière ont tendu à réaliser parmi votre peuple. Oui, c'est bien là l'idée que vous lui avez, vous-même, donné de votre ministère et de votre sainteté, dont je n'ose parler crainte d'en blesser la touchante délicatesse. Dites-nous, M. F., si pour tous il n'a pas été un vrai modèle, le Père de vos âmes, votre intercesseur, votre Sauveur après J.-C. et avec lui? Mais si c'est là ce que le sacerdoce se propose essentiellement, il a aussi ses destinées diverses selon les temps et les lieux, et c'est ce qui doit nous occuper dans un second point.

———

Quelles que soient les circonstances, le sacerdoce veut toujours ce que nous venons d'exposer : maintenir et aggrandir le royaume de Dieu ici bas, et nous conduire à son royaume dans les cieux. Ce but est l'essence même de son institution; il en est absolument inséparable. Mais, pour y atteindre, il est appelé à subir des destinées qui se renouvellent sans cesse sans se ressembler jamais. Il en a eu à sa naissance qui ne sont plus : pendant les trois premiers siècles, il s'est trouvé seul en face des peuples et des princes qui lui ont fait la guerre et ont répandu par torrents le sang de ses enfants. Venu pour donner au monde la paix et la charité, il n'a pu s'établir qu'au prix des plus affreuses persécutions. A force, cependant, de prêcher aux hommes qu'ils étaient les enfants du même Père ; que J.-C. était venu les réunir tous dans le même bercail ; leur apporter à tous la même lumière et les mêmes titres à ses éternelles récompenses ; que c'était pour accomplir ces grands desseins, qu'il avait fondé son Eglise et son sacerdoce, son royaume avait grandi dans l'univers. A la voix de Pierre et de ses successeurs, Rome avait vu tomber ses idoles, et la croix, ce glorieux étendard du christianisme flottait au sommet du capitole et de toutes les grandes cités du monde. Les princes, d'abord persécuteurs, s'étaient prosternés aux pieds de J.-C. pour reconnaître en lui le Roi des Rois. L'Evangile, ce grain de senevé, si faible dans ses commencements, était devenu un grand arbre qui étendait ses branches jusqu'aux extrémités du monde ; et tous les oiseaux du ciel, c'est-à-dire pauvres et riches, grands et monarques, venaient se reposer sous ses ombres.

Telles furent les destinées du Sacerdoce pendant les trois premiers siècles, à la fin desquels il lui est donné de remplir son ministère dans la paix et la liberté. Ses enseignements ont tellement pénétré toutes les parties de la société ; ils forment tellement la règle des croyances et des mœurs, qu'il est devenu réellement la lumière du monde et le sel de la terre. Mais, hélas, ces destinées elles-mêmes ne devaient être que bien passagères ; car J.-C a dit qu'il fallait qu'il y eut des scandales, et que toujours l'enfer fit la guerre à son Eglise. Aussi, voici-t'il que l'hérésie vient troubler son repos et causer dans son sein les plus grands ravages. En vain cette Eglise a triomphé des erreurs ; en vain de ses combats la vérité est sortie toujours plus éclatante ; en vain a-t-elle confondu les sectaires par la science de ses docteurs et la majesté de ses conciles ; chaque jour, ces sectaires semblent se multiplier de plus en plus ; Ariens, Nestoriens, Macédoniens, Manichéens, Donatistes, Albigeois, on peut à peine les compter. Maintenir les doctrines de J.-C., les transmettre aux âges suivants, telles qu'elles sont descendues du ciel, tel est bien toujours le but du Sacerdoce ; mais les moyens sont différents. C'est de combattre les novateurs, et de montrer qu'ils trompent les peuples en ne leur enseignant que leurs inventions. Et c'est ce qui nous a valu tant de docteurs immortels, objet de la vénération des siècles, les Basile, les Grégoire, les Chrysostôme, les Jérôme, les Ambroise, les Augustin, et tant d'autres dont on ne peut prononcer les noms qu'avec respect ; époque à jamais glorieuse pour l'Eglise, mais qui ne met pas fin, non plus, à ses combats, et prépare elle-même de nouvelles destinées à ses ministres.

Voyez-vous, M. F., tous ces peuples inconnus qui ne s'annoncent que comme ennemis des sciences et des arts, et qui ne connaissent d'autre droit que la force ! Ce sont les barbares qui, de toute part, font invasion dans l'empire ; où plutôt c'est Dieu qui condamne cet empire pour avoir fait couler des torrents du sang des chrétiens. C'est lui qui les envoie aussi pour les donner à son Eglise et créer le nouveau monde chrétien. Voici donc de nouveaux et grands combats, de nouvelles et grandes conquêtes, de nouvelles destinées pour le Sacerdoce. Songez, M. F., à tout ce qu'il lui en a coûté de patience, d'efforts, de souffrances ! Tandis que dans toutes les provinces règne un silence de mort ; seule la voix du Sacerdoce se fait entendre pour consoler les malheureux, arrêter les violences des conquérants, les amener à reconnaître et à confesser J.-C. et son Eglise. Aussi avec le temps, on les voit se familiariser avec les enseignements chrétiens ; ils écoutent les évêques et les prêtres comme les représentants de J.-C. ; et à la fin, vainqueurs et vaincus s'embrassent dans l'unité de la même foi et de la même Eglise. Prodige inouï, à jamais inouï, et qui ne s'est opéré que par le Sacerdoce ! Oui, c'est lui qui a civilisé ces peuples, qui a conservé les sciences et les arts, a fait briller la lumière au milieu des ténèbres ; et si nous ne formons aujourd'hui que comme un même monde, le monde chrétien, c'est que ce monde est sorti tout entier du sein du christianisme. Ainsi instruire et sanctifier les peuples, voilà donc toujours la mission du Sacerdoce, comme de n'avoir que rarement la paix et presque toujours la guerre, voilà ses destinées.

Quand il s'est trouvé en présence de l'idolâtrie, il a rempli sa mission en arrachant les peuples à leurs erreurs pour les faire entrer dans l'Eglise de J.-C. Quand il s'est trouvé en face de la persécution et de la mort, ni les promesses, ni les menaces, ni les plus grands tourments, n'ont pu ébranler son dévouement ; il a rempli ses destinées par son invincible constance et l'innombrable multitude de ses martyrs. A tous les siècles, il a appris que pour le chrétien, la foi, l'Eglise, J.-C., sont au-dessus de tous les sacrifices. Quand il s'est trouvé devant l'hérésie, il a défendu les saintes vérités, comme un dépôt sacré, auquel il est défendu même aux anges de toucher ; il a montré son inviolable attachement à la foi. Le monde ne se trouble guère pour une erreur, le Sacerdoce s'en émeut jusqu'au fond de ses entrailles. Il se met en prières d'une extrémité du monde à l'autre ; ses docteurs se livrent aux recherches les plus profondes ; l'Eglise veut la vérité et rien ne l'arrête. S'il le faut, elle réunit tous ses Pasteurs, en concile général ; et là, assistée du Saint-Esprit qui sera toujours avec elle, par un jugement infaillible elle proclame l'enseignement de J.-C., elle prononce anathème à quiconque persisterait encore dans l'erreur après sa définition. O sainte Eglise, vous êtes le vrai royaume de Dieu ici bas ; sainte Eglise, de J.-C., vous êtes la mère de tous les chrétiens, et nous sommes vos enfants ! Et nous nous en tenons pour mille fois heureux, car vos enseignements que nous recevons du fond de nos cœurs, nous savons qu'ils sont toujours les enseignements de celui qui est l'infaillible vérité !

M. F., nouvelles épreuves au seizième siècle. Hélas ! la division naît alors au milieu même du troupeau. Entraînées par l'esprit de nouveauté et de révolte, de nombreuses brebis se séparent elles-mêmes du Pasteur suprême. Jamais peut-être ne s'était vu tempête plus formidable, et la barque de Pierre semblait menacée du dernier naufrage. Mais, non, la parole de J.-C. ne passera pas ; et jamais peut-être non plus, n'y eut-il plus grand réveil de la foi et de la piété ; tous les saints sont en gémissements aux pieds des autels ; partout s'opère un travail de réformation pour les mœurs ; le sanctuaire se renouvelle dans sa discipline et ses institutions ; le saint concile de Trente arrête le progrès des erreurs et ranime la lumière à la vue des peuples ; tous les enfants de l'Eglise se réunissent dans la pureté de sa doctrine et dans la piété. Ce fut une nouvelle vie du christianisme parmi les nations, et cette vie les peuples et le clergé la respirent encore aujourd'hui ; car semblable à un fleuve majestueux et intarissable, ce grand concile verse encore et versera toujours ses eaux sur la chrétienté.

Vénérable Pasteur, restent les destinées de notre temps qui nous sont particulières ainsi qu'aux anciens du Sacerdoce. Elles tiennent aux jours qui nous ont vu naître et ne ressemblent non plus à aucune de celles qui nous ont précédés. Vous le savez, M. F., d'effroyables malheurs s'étaient levés sur notre patrie qui devaient s'étendre à l'Europe entière. De nouveau, le monde se tournait contre l'Église, et tous les genres de persécution, se renouvelaient contre elle. Pour prix des soins que cette sainte mère avait donnés à ses enfants, des biens inappréciables dont elle les avait enrichis, des grâces et du royaume de J.-C. qu'elle leur avait maintenus ; ses ministres étaient chassés de leurs demeures et jetés sur la terre étrangère. On voulait de leur part un serment contraire à la doctrine de l'Eglise et à leur conscience ; et l'exil, les prisons ou la mort, tel est le sort qui leur était réservé. D'affreuses immolations de ces saints Prêtres s'accomplissaient dans la capitale et dans les provinces ; et comme à ses premiers jours, l'Eglise voyait couler le sang de ses ministres, parce qu'ils prêchaient les vérités de J.-C. et qu'ils administraient ses sacrements où sont les grâces qui conduisent au ciel. Ah! vénéré confrère, nous sommes nés dans les jours où finissait cette impiété qui avait profané nos temples et renversé nos autels. Nous avons vécu avec plusieurs de ces grands confesseurs de la foi, qui avaient été bannis de leur troupeau et de leur patrie, pour n'avoir voulu manquer ni à J.-C. ni à Pierre, à qui il a confié les clefs de son Royaume. Nous les avons vu ces hommes vraiment dignes des temps apostoliques, qui n'ayant reculé ni devant les privations, ni devant les tourments, ni devant la mort, s'étaient cachés au sein des forêts, ou dans de pauvres abris de quelques familles chrétiennes, d'où ils maintenaient encore les enseignements de J.-C., purifiaient encore les cœurs de ses fidèles, les nourrissaient encore du pain de ses anges. Saintes familles qui avez accueilli les prêtres de J.-C., Dieu vous a bénies! Mais qu'il vous bénisse à jamais! Non, bien-aimé confrère, les impressions que nous avons recueillies, en voyant et en entendant ces prêtres qui nous semblaient couverts de l'auréole et de la gloire des martyrs, jamais, non jamais nous ne les oublierons!

Hélas! M. F., un grand vide s'était fait dans le sanctuaire, et malgré le rétablissement de la Religion par le pouvoir, les églises étaient désertes faute de pasteurs. Pendant de longues années, les séminaires avaient été fermés et les études ecclésiastiques interrompues; il ne restait plus que quelques anciens du Sacerdoce, et près d'eux quelques-uns aussi qui n'étaient pas demeurés fidèles au St-Siége. Néanmoins, dans toutes les paroisses, la foi s'était réveillée avec la plus grande ardeur. Sans cesse on voyait des députations, accourir vers les évêques, demandant des pasteurs pour instruire leurs enfants, consoler leurs malheureux, bénir leurs mourants et faire régner, au milieu d'eux, J.-C. à la place du désordre et de l'impiété qui les avaient rendus si malheureux. Mais hélas! longtemps aussi, les Pontifes ne purent que mêler leurs larmes à celles de ces pieux fidèles. Ils n'attendaient eux-mêmes que le bonheur de leur envoyer de saints prêtres ; ils les pressaient de les demander eux-mêmes au Seigneur ; ils conjuraient par leurs mandements de faire appel au dévouement des jeunes gens et de favoriser les vocations par tous les moyens, afin de pouvoir satisfaire à la grandeur des besoins. C'est au milieu de ces grandes circonstances, que de nouveaux diocèses furent créés ou restaurés; et le Seigneur, vénéré confrère, après vous avoir placé à la tête d'une paroisse, vous avait réservé, ainsi que moi, pour aider à cette sainte œuvre de restauration. Nous avons été collègues; nous avons uni nos prières, nos efforts et plus encore nos cœurs, pour former des élèves au sanctuaire et donner de saints prêtres à ce diocèse. Hélas! de ceux qui étaient avec nous pour la fondation du séminaire diocésain, nous restons les seuls aujourd'hui; notre vénérable supérieur n'est plus, nos collègues ne sont plus ! (1) Il ne nous reste d'eux que la douce, que la ferme confiance qu'ils nous attendent dans le ciel! Ah, ce qui nous reste encore; c'est que ceux qui ont reçu nos soins, et il

---

(1) Les premiers Directeurs du Grand-Séminaire étaient M. Genevey, Supérieur, M. Martin, M. Jacquenod, M. Bailly, M. Louiset.

en est plusieurs, dans cette vénérable assemblée, c'est dis-je, qu'ils nous gardent un pieux souvenir ; c'est que par leurs prières et leur amour, ils nous aident à être des saints et à former des saints. C'est tout le but que nous avons eu ensemble, tout le but de notre Sacerdoce, tout le but de J.-C. qui nous y a appelés.

Et maintenant, pieux fidèles de cette paroisse, vous les enfants de ce bon père, en qui tout le diocèse vénère aujourd'hui ce divin Sacerdoce, livrez-vous à tous les sentiments que cette grande cérémonie doit vous inspirer ! Ah ! bénissez le Seigneur d'avoir établi cette admirable institution dans son Eglise ; bénissez-le d'en avoir fait l'instrument de ses grâces et du salut du monde ; bénissez-le d'en avoir revêtu votre pasteur, il y a en ce moment même cinquante ans, et de lui avoir donné d'exercer ce grand ministère si longtemps au milieu de vous ! Et vous, chers enfants, qu'il aime du plus profond de son cœur, bénissez votre Dieu de vous l'avoir envoyé pour vous former à sa sainte religion et à la piété. Et vous jeunes gens et jeunes personnes qui avez appris de sa bouche, vos devoirs envers Dieu, vos parents et votre prochain ; vous que tant de fois il a purifiés par la grâce des sacrements ; vous, à qui tant de fois il a rendu les droits que vous aviez perdus à l'héritage éternel, bénissez J.-C. des innombrables bienfaits qu'il vous a procurés par son Sacerdoce ! Et vous, époux et épouses dont il a béni et consacré les alliances, c'est entre ses mains que vous vous êtes juré le don de vos personnes et de vos cœurs ; c'est par lui que Dieu a versé sur vous la grâce de ne former qu'un seul et même cœur, qu'une seule et même vie. Si vous avez été bons époux, parents vraiment chrétiens, vrais modèles pour vos enfants, dévoués mutuellement jusqu'aux plus grands sacrifices, souvenez-vous que c'est par la vertu du sacrement que ce pasteur vous a conféré ; que c'est par la puissance des grâces attachées à son ministère ! Ah, priez donc pour que ce ministère vous soit longtemps conservé, et toujours de plus en plus salutaire ! Tous qui que vous soyez, si le Seigneur demeure avec vous pendant votre vie ; si quand il aura marqué votre dernière heure, il vous ouvre les portes de son séjour éternel, oui, c'est aux prières, c'est au ministère de votre pasteur que vous le devrez !

Et vous, saintes âmes, de cette paroisse, que Dieu seul connaît, et puissiez-vous être toutes celles qui m'écoutent ! Non, vous n'êtes saintes non plus que par les prières, que par les sacrements, que par le pain de vie que ce bon père vous distribue ; que par le divin sacrifice qu'il offre chaque jour pour maintenir en vous le règne de J.-C. Mais vous surtout, saints et saintes de cette même paroisse, qui êtes au ciel, depuis que le Seigneur l'a confiée à son zèle ; ah ! nous voudrions en ce moment vous connaître ! Oui, nous voudrions vous contempler couronnés de gloire et de bonheur, et tenant dans vos mains les palmes de vos victoires. Vous êtes et vous serez sa gloire et sa couronne immortelle; et au grand jour, où J.-C. viendra nous juger tous, nous saurons qu'après lui, ces palmes et ces victoires, vous les devez à votre pasteur, à sa sainteté, aux mérites de sa vie de pénitent et d'apôtre ! Eh bien, priez, priez pour que ceux que vous avez quittés et que vous connaissez du sein de votre félicité, priez pour qu'ils soient aussi des saints. Aussi bien, ce sont vos frères, vos sœurs, vos enfants ; ceux du moins qui habitent vos maisons et adorent dans cette église le Dieu que vous y avez adoré vous-mêmes, et que vous contemplez maintenant dans sa gloire. Ah! aimez-les comme on aime au Ciel, pour que tous vivent dans la paix du Seigneur, et que tous finissent dans les bras de Jésus et de Marie. Mais au-dessus de tout, aimez ce saint pasteur qui vous a tant aimés lui-même et qui vous a ouvert les portes de l'éternel séjour; et avec lui, et c'est ma dernière prière, aimez aussi le plus dévoué de ses amis, le confrère qui parle de lui en ce moment, afin que comme nous avons été unis sur la terre, nous soyons unis dans le ciel, et que tous nous partagions votre bonheur.

Ainsi-soit-il.

Typ. Gauthier Frères à Lons-le-Saunier.

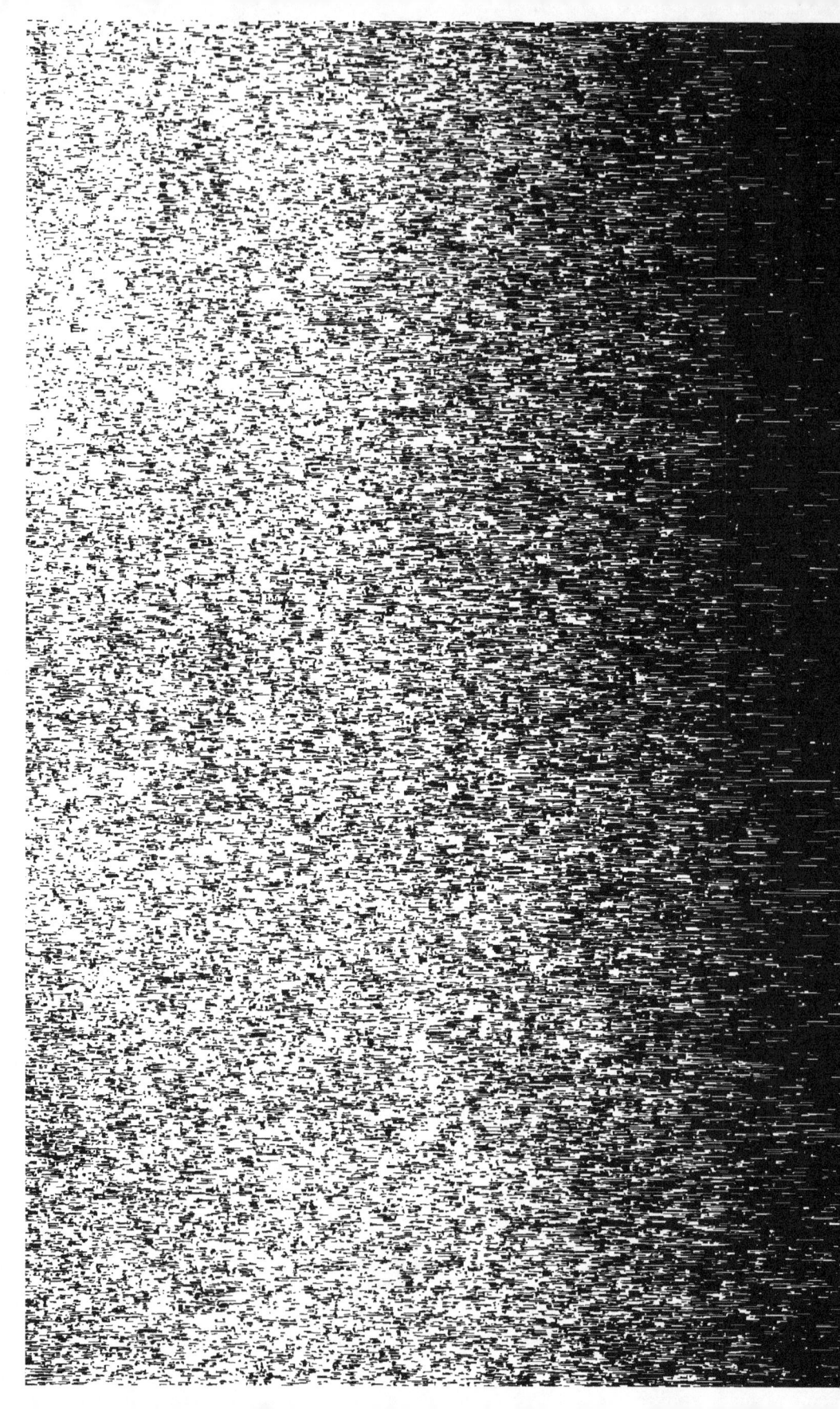

www.ingramcontent.com/pod-product-compliance
Lightning Source LLC
Chambersburg PA
CBHW060556050426
42451CB00011B/1932